Ghidul supr sucurilor ae fructe

100 DE REȚETE SIMPLE, DELICIOASE ȘI HRĂNITOARE DE SUCURI PENTRU A VĂ STIMULA SĂNĂTATEA ȘI ENERGIA

Pavel Tămaș

momentul scrierii acestui articol poate deveni depășit sau inaplicabil ulterior.

CUPRINS

CUPRINS...4

INTRODUCERE...8

SURCUL PENTRU ÎNCEPĂTORI.............................9

   1. Sucul Green Goddess....................................10

   2. Suc de ghimbir Zinger.................................12

   3. Suc Tropi-Kale..14

   4. Suc pentru stimularea imunității................16

   5. Suc de Kale Kickstart.................................18

   6. Suc răcitor de castraveți...........................20

SUCURARE PENTRU SLAIRE IN GREUTATE.....................22

   7. Suc de rodie...23

   8. Suc de pepene verde..................................25

   9. Suc de grapefruit.......................................27

   10. Suc de morcovi...29

   11. Suc de varză..31

   12. Suc de castraveți.....................................33

   13. Amestec de suc de fructe și legume verzi.................35

   14. Amestec de suc de rădăcini, frunze și fructe............38

   15. Amestecul de suc tropical.........................41

   16. Amestec de suc dulce și picant................44

   17. Amestec de suc de detoxifiere de portocale.............47

   18. Amestec de suc revigorant.......................50

   19. Amestec de suc de limonadă Blitz.............53

   20. Amestec de suc Morning Glory.................56

   21. Amestec de suc Red Hot..........................59

   22. Amestec de afine de citrice.......................62

   23. Suc de portocale pepene verde................64

24. Specială pentru sfeclă de pădure............................66

25. Gustare Sassy....................................68

26. Greutate Obiectiv Shake............................70

27. Punch cu mere și pepene verde........................72

28. Sweet Shake....................................74

29. Super cocktail de pierdere în greutate....................76

30. Simțiți Arzătorul de grăsimi..........................78

31. Anticelulita....................................80

32. Grapefruit Nasturel Delight..........................82

33. Suc de slăbit Tropic..............................84

34. Suc de mere de zmeura............................86

35. Suc de Jicama..................................88

36. Bonanza portocalie..............................90

37. Reîmprospătare cu mentă..........................92

SURCUL PENTRU SISTEMUL IMUNO............................94

38. Sucuri de citrice................................95

39. Suc de roșii....................................97

40. Amestec de suc ABC..............................99

41. Amestecul de suc Sunshine........................102

SUCURARE PENTRU O MAI BUNĂ DIGESTIE................105

42. Suc de lamaie..................................106

43. Suc de Prune..................................108

44. Amestec de sucuri antioxidante......................110

45. Go Green Juice Blend............................113

SURCUREA PENTRU REGLARE HORMONALA................116

46. Cruciferous Veggie..............................117

47. Suc de vișine..................................119

48. Amestec de suc de culoarea portocalei................122

SURCUL PENTRU DETOXIFICARE............................125

49. Suc de mere..................................126

50. Amestec de suc detoxifiant........................129

51. Amestec de suc de ghimbir și zinger de legume........132

52. Special de detoxifiere............135

53. Borș într-un pahar............137

54. Verzi plini de farmec............139

55. Puterea rodiei............141

56. Stimularea curățării corpului............143

57. Omul de Fier............145

58. Detoxifiere totală a corpului............147

59. Curata morcovi............149

60. Cocktail de anghinare coriandru............151

61. C-Water Detox............153

62. Curăță cu căpșuni cu papaya............155

63. Cocktail de mere castraveți............157

64. Smoothie cu avocado............159

65. Demachiant cu mentă pepene galben............161

66. Cranapple Magic............163

67. Curăță de varză cu varză............165

68. Yamtastic............167

69. Crezetul............169

70. Cidru de scorțișoară............171

71. Curățarea legumelor rădăcinoase............173

72. Ceai de mango............175

73. Bea-ți verdeața............177

74. Detoxifiantul............179

75. Viziunea............181

76. Morcov dulce............183

SUCURARE PENTRU ÎNCETIREA ÎMBĂTRĂNIREA...........185

77. Suc de struguri roșii............186

78. Suc de castraveți............188

79. Amestec de suc tânăr și proaspăt............190

80. Amestec de suc roz pentru tineret............192

SUCURARE PENTRU CORP SĂNĂTOS............195

81. Explozie de afine....................................196

82. Suc de capsuni de portocale............................198

83. Suc de portocale de banane...........................200

84. Castraveți picant...................................202

85. Mașină de fasole....................................204

86. Putere Putere......................................206

87. Super suc de legume................................208

88. Maestrul Sfeclei...................................210

89. Măr de afine.......................................212

90. Energizantul.......................................214

91. Salata verde Play..................................216

92. Cel mai bun din ambele lumi........................218

93. Plăcere simplă.....................................220

94. Roșu, alb și negru.................................222

95. Cocktail de țelină cu ananas.......................224

96. Punch cu miere de castraveți.......................226

97. Medicină magică....................................228

98. Noapte pe tonicul orașului.........................230

99. Suc de afine.......................................233

100. Suc de rodie......................................235

CONCLUZIE...**238**

INTRODUCERE

Sucurile de fructe sunt o modalitate naturală de a vă împrospăta, hrăni și energiza corpul. Ambalate cu vitamine esențiale, minerale și antioxidanți, aceste băuturi nu sunt doar delicioase, ci oferă și o serie de beneficii pentru sănătate. Indiferent dacă doriți să vă detoxificați, să întăriți imunitatea sau pur și simplu să vă bucurați de un tratament gustos, sucurile de fructe sunt o opțiune versatilă și ușor de făcut. De la amestecuri tropicale la centrale verzi, această colecție de rețete de sucuri de fructe vă va inspira să fiți creativi în bucătărie și să vă bucurați de aromele vibrante ale naturii la fiecare înghițitură. Să ne scufundăm în lumea sucurilor de fructe răcoritoare, revitalizante!

SURCUL PENTRU ÎNCEPĂTORI

1. Sucul Green Goddess

Ingrediente

- 3 tulpini de telina
- 1/2 castravete mare, tăiat în sferturi
- 1 măr verde mediu, tăiat în optimi
- 1 pară medie, tăiată în optimi

a) Strângeți toate ingredientele urmând instrucțiunile pentru storcarea normală din manualul storcătorului dvs.

b) Beți imediat sau lăsați să se răcească timp de o oră și apoi savurați.

2. Suc de ghimbir Zinger

Ingrediente

- 2 mere medii, tăiate în optimi
- 5 morcovi (nu trebuie curatati de coaja)
- 1/2 inch ghimbir proaspăt
- 1/4 lămâie

a) Strângeți toate ingredientele urmând instrucțiunile pentru storcarea normală din manualul storcătorului dvs.

b) Beți imediat sau lăsați să se răcească timp de o oră și apoi savurați.

3. Suc Tropi-Kale

Ingrediente

- 1/4 dintr-un ananas proaspăt, coaja și miezul îndepărtați și tăiați în fâșii de 1 inch
- 4 frunze de kale
- 1 banană coaptă, decojită
- Pentru sucul de explozie antioxidant:
- 2 sfecla medie, taiata in sferturi si verdeata
- 1 cană afine
- 1 cană căpșuni tăiate la jumătate, decojite

c) Strângeți toate ingredientele urmând instrucțiunile pentru storcarea normală din manualul storcătorului dvs.

d) Beți imediat sau lăsați să se răcească timp de o oră și apoi savurați.

4. Suc pentru stimularea imunității

Ingrediente

- 2 portocale, sferturi
- 1/4 lămâie (înlătură coaja pentru mai puțină amărăciune)
- 1 măr mediu, tăiat în optimi
- 1/2" ghimbir proaspăt

a) Strângeți toate ingredientele urmând instrucțiunile pentru storcarea normală din manualul storcătorului dvs.

b) Beți imediat sau lăsați să se răcească timp de o oră și apoi savurați.

5. Suc de Kale Kickstart

Ingrediente

- 1 portocală, tăiată în sferturi
- 1 cană căpșuni tăiate la jumătate și decojite
- 2 frunze de kale
- 3 morcovi
- 1 banană coaptă

a) Strângeți toate ingredientele urmând instrucțiunile pentru storcarea normală din manualul storcătorului dvs.

b) Beți imediat sau lăsați să se răcească timp de o oră și apoi savurați.

6. Suc răcitor de castraveți

Ingrediente

- 1/4 pepene galben copt, semințele îndepărtate, tăiat în bucăți (nu este nevoie de coajă)
- 2 tulpini de telina
- 1/2 castravete, tăiat în felii
- 1/4 lămâie (înlătură coaja pentru a reduce amărăciunea)

a) Strângeți toate ingredientele urmând instrucțiunile pentru storcarea normală din manualul storcătorului dvs.

b) Beți imediat sau lăsați să se răcească timp de o oră și apoi savurați.

SUCURARE PENTRU SLAIRE IN GREUTATE

7. Suc de rodie

Direcții

a) Tăiați o rodie proaspătă în jumătate, în cruce.

b) Ridicați mânerul storcătorului și puneți pe ea jumătate din rodie, cu partea cărnoasă în jos.

c) Apăsați folosind o presiune moderată și urmăriți cum curge sucul proaspăt din fructe. Continuați să apăsați până când simțiți că ați extras tot sucul din fructe.

d) Continuați să stoarceți jumătățile de rodie până când aveți suficient suc pentru un pahar.

e) Dacă vrei suc pur fără semințe, îl poți trece mai întâi printr-o strecurătoare.

f) Dacă fructul de rodie pe care l-ați smuls nu este suficient de dulce, puteți adăuga un îndulcitor natural în suc. Dar dacă scopul tău principal este să slăbești, atunci s-ar putea să fii nevoit să te antrenezi să te bucuri de sucuri proaspete de fructe fără a adăuga zahăr.

8. Suc de pepene verde

Direcții

a) Tăiați pepenele verde în jumătate, apoi continuați să tăiați fructele în cuburi.

b) Scoateți semințele din carne. Puteți lăsa semințele albe, fragede, dacă nu vă deranjează puțină textură în suc.

c) Puneți cuburile de pepene verde în storcator, apoi apăsați în jos pentru a curge sucul proaspăt. Continuați să stoarceți cuburi de pepene verde până când aveți suficient pentru un pahar.

9. Suc de grapefruit

Direcții

a) Clătiți bine grapefruitul cu apă caldă.

b) Tăiați grapefruitul în jumătate, în cruce.

c) Pune o jumătate de grapefruit în storcătorul tău cu partea cărnoasă în jos.

d) Apăsați storcatorul până când începe să curgă sucul proaspăt, roz.

e) Repetați acești pași până umpleți un pahar întreg cu suc proaspăt.

f) Consumând suc de grepfrut, îți vei crește aportul de vitamina C. Acest suc conține, de asemenea, fibre alimentare, magneziu și potasiu.

g) Combină acest lucru cu o dietă sănătoasă, echilibrată și exerciții fizice regulate și sigur vei începe să scapi de kilogramele în exces.

10.   Suc de morcovi

Direcții

a) Tăiați morcovii pentru a le face mai ușor de suc. Dar dacă aveți un storcător puternic, puteți sări peste acest pas.

b) Puneți bucățile de morcov în storcătorul dvs., apoi apăsați până când sucul proaspăt începe să curgă. Continuați să faceți acest lucru până când obțineți un pahar de suc proaspăt de morcovi.

c) Deși cel mai bine este să te bucuri de suc de morcovi la micul dejun, îl poți bea oricând.

d) Morcovii conțin și antioxidanți, care vă pot ajuta să vă întăriți sistemul imunitar. Acesta este un beneficiu important dacă încercați să pierdeți în greutate.

11. Suc de varză

Direcţii

a) Alegeţi un cap de varză ferm şi cu frunze crocante. Acest tip de varză va produce mai mult suc în comparaţie cu căpăţânile de varză cu frunze moale, îngălbenite.

b) Clătiţi varza cu apă curentă rece.

c) Tăiaţi capul de varză în blocuri care se vor potrivi în jgheabul de alimentare al storcatorului dvs.

d) Puneţi blocurile de varză în storcator, apoi apăsaţi până când începe să curgă sucul proaspăt.

e) Continuaţi să adăugaţi blocuri de varză până când aveţi suficient suc pentru a umple un pahar.

12. Suc de castraveți

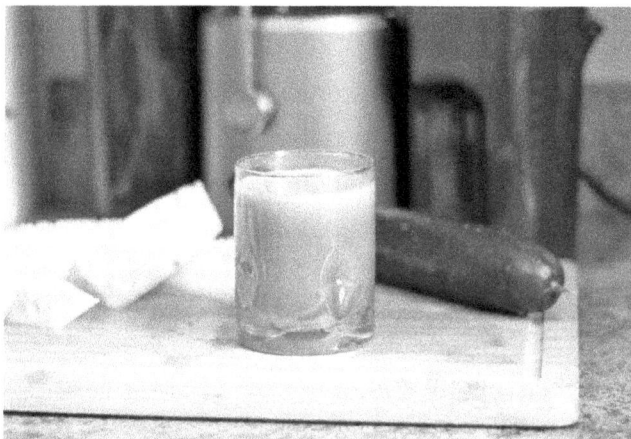

Direcții

a) Tăiați capetele castraveților.

b) Puteți sau nu să-l curățați înainte de a da suc. Oricum, asigurați-vă că clătiți mai întâi castravetele înainte de a începe să feliați.

c) Tăiați castravetele în bucăți care se vor potrivi în jgheabul de alimentare al storcatorului dvs.

d) Adăugați bucăți de castraveți în storcătorul dvs. și apăsați până când sucul proaspăt începe să curgă.

13. Amestec de suc de fructe şi legume verzi

Marimea portiei: 1 portie

Ingrediente

- ½ lămâie
- 1 castravete
- 1 bucată de ghimbir (proaspăt)
- 2 mere verzi
- 3 tulpini de telina (indepartati frunzele)
- o crenguță de mentă

Direcții

a) Spălați toate fructele și legumele, apoi folosiți un prosop de hârtie pentru a le usca.

b) Curățați ghimbirul, merele, castraveții și lămâia.

c) Tăiați toate ingredientele în bucăți care se vor potrivi în jgheabul de alimentare al storcatorului dvs.

d) Puneți bucățile de fructe și legume în storcatorul dvs. Apăsați storcatorul până când începe să curgă sucul proaspăt. Preluarea ingredientelor va depinde de tipul de storcător pe care îl dețineți.

e) Când aveți suficient suc pentru a umple un pahar, adăugați o crenguță de mentă și savurați.

14. Amestec de suc de rădăcini, frunze şi fructe

Dimensiunea porției: 1 porție

Ingrediente

- $\frac{1}{4}$ ananas
- $\frac{1}{2}$ lămâie
- 1 sfeclă medie
- 1 portocală
- 2 frunze de varza rosie
- 3 morcovi medii
- o mână de spanac

Direcții:

a) Spălați toate fructele și legumele, apoi folosiți un prosop de hârtie pentru a le usca.

b) Curățați ananasul, lămâia, sfecla, morcovii și portocala.

c) Tăiați toate ingredientele în bucăți care se vor potrivi în jgheabul de alimentare al storcătorului dvs.

d) Puneți bucățile de fructe și legume în storcatorul dvs. Apăsați storcatorul până când începe să curgă sucul proaspăt. Preluarea ingredientelor va depinde de tipul de storcător pe care îl dețineți.

e) Când ai suficient suc pentru a umple un pahar, bea!

15. Amestecul de suc tropical

Marimea portiei: 1 portie

Ingrediente

- $\frac{1}{2}$ cană de bucăți de ananas

- 1 măr mare

- 2 morcovi mari

- 2 bucati de ghimbir (proaspat)

Direcții:

a) Spălați toate fructele și legumele, apoi folosiți un prosop de hârtie pentru a le usca.

b) Curăță mărul, morcovii și ghimbirul.

c) Tăiați toate ingredientele (cu excepția ananasului) în bucăți care se vor potrivi în jgheabul de alimentare al storcătorului dvs.

d) Puneți bucățile de fructe și legume în storcatorul dvs. Apăsați storcatorul până când începe să curgă sucul proaspăt. Preluarea ingredientelor va depinde de tipul de storcător pe care îl dețineți.

e) Când aveți suficient suc pentru a umple
un pahar, vă puteți bucura de amestecul
de suc tropical.

16. Amestec de suc dulce şi picant

Marimea portiei: 1 portie

Ingrediente:

- 1 cană de spanac
- 1 castravete
- 1 tei
- 1 bucată de ghimbir (proaspăt)
- 2 tulpini de telina (indepartati frunzele)
- 3 mere medii

Direcții:

a) Spălați toate fructele și legumele, apoi folosiți un prosop de hârtie pentru a le usca.

b) Curata castravetele, limea, ghimbirul si merele.

c) Tăiați toate ingredientele în bucăți care se vor potrivi în jgheabul de alimentare al storcătorului dvs.

d) Puneți bucățile de fructe și legume în storcatorul dvs. Apăsați storcatorul până când începe să curgă sucul proaspăt. Preluarea ingredientelor va depinde de tipul de storcător pe care îl dețineți.

e) Când aveți suficient suc pentru a umple un pahar, bucurați-vă de acest amestec de suc pentru a vă calma burtica și a vă face să vă simțiți mai bine.

17. Amestec de suc de detoxifiere de portocale

Marimea portiei: 2 portii

Ingrediente

- 1 portocală

- 1 cartof dulce (aproximativ 5 inci lungime, fie fiert, fie nefiert)

- 2 mere medii

- 2 pere medii

- 3 tulpini de telina (indepartati frunzele)

Direcții:

a) Dacă intenționați să gătiți cartofii dulci, faceți acest lucru mai întâi.

b) Spălați toate fructele și legumele, apoi folosiți un prosop de hârtie pentru a le usca.

c) Curățați portocala, cartofii dulci, merele și perele.

d) Tăiați toate ingredientele în bucăți care se vor potrivi în jgheabul de alimentare al storcătorului dvs.

e) Puneți bucățile de fructe și legume în storcatorul dvs. Apăsați storcatorul până când începe să curgă sucul proaspăt. Preluarea ingredientelor va depinde de tipul de storcător pe care îl dețineți.

f) Când aveți suficient suc pentru a umple un pahar, bucurați-vă de acest amestec dulce și sățios.

18.   Amestec de suc revigorant

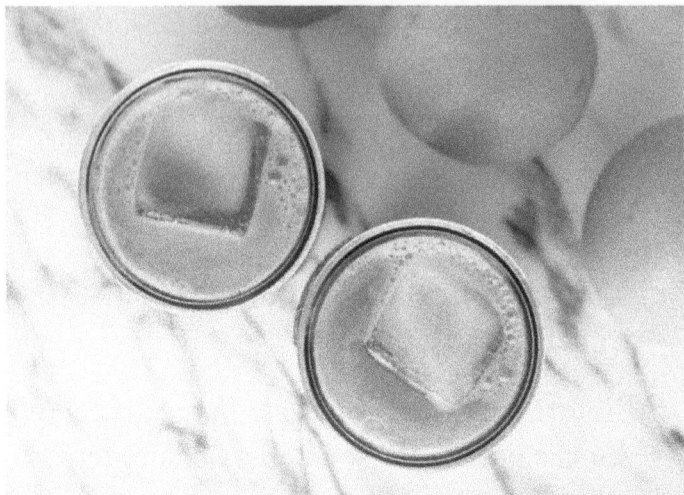

Marimea portiei: 1 portie

Ingrediente

- ½ castravete

- ½ bucată de ghimbir (proaspăt)

- 1 lămâie

- 1 portocală

- 3 tulpini de telina (indepartati frunzele)

- 3 mere medii

- 4 frunze de kale

Direcții:

a) Spălați toate fructele și legumele, apoi folosiți un prosop de hârtie pentru a le usca.

b) Curățați castraveții, ghimbirul, lămâia, portocala și merele.

c) Tăiați toate ingredientele în bucăți care se vor potrivi în jgheabul de alimentare al storcătorului dvs.

d) Puneți bucățile de fructe și legume în storcatorul dvs. Apăsați storcatorul până când începe să curgă sucul proaspăt. Preluarea ingredientelor va depinde de tipul de storcător pe care îl dețineți.

e) Când aveți suficient suc pentru a umple un pahar, bucurați-vă de acest amestec răcoritor de sănătos.

19. Amestec de suc de limonadă Blitz

Marimea portiei: 1 portie

Ingrediente

- 1 cană de spanac
- ½ lime
- 1 lămâie
- 1 bucată de ghimbir (proaspăt)
- 2 tulpini de telina (indepartati frunzele)
- 2 mere verzi
- 4 frunze de kale

Direcții:

a) Spălați toate fructele și legumele, apoi folosiți un prosop de hârtie pentru a le usca.

b) Curățați lămâia, lămâia, ghimbirul și merele.

c) Tăiați toate ingredientele în bucăți care se vor potrivi în jgheabul de alimentare al storcătorului dvs.

d) Puneți bucățile de fructe și legume în storcatorul dvs. Apăsați storcatorul până când începe să curgă sucul proaspăt. Preluarea ingredientelor va depinde de tipul de storcător pe care îl dețineți.

e) Când aveți suficient suc pentru a umple un pahar, bucurați-vă de această versiune tartă, care promovează pierderea în greutate, a băuturii clasice cu limonadă.

20.   Amestec de suc Morning Glory

Marimea portiei: 1 portie

Ingrediente

- 1 lingurita spirulina (uscata)
- 1 sfeclă roșie medie
- 2 morcovi medii
- 2 portocale

Direcții:

a) Spălați toate fructele și legumele, apoi folosiți un prosop de hârtie pentru a le usca.

b) Curățați sfecla roșie, morcovii și portocalele.

c) Tăiați toate ingredientele în bucăți care se vor potrivi în jgheabul de alimentare al storcătorului dvs.

d) Puneți bucățile de fructe și legume în storcatorul dvs. Apăsați storcatorul până când începe să curgă sucul proaspăt. Preluarea ingredientelor va depinde de tipul de storcător pe care îl dețineți.

e) Când aveți suficient suc pentru a umple un pahar, adăugați spirulina, amestecați bine și bucurați-vă!

21. **Amestec de suc Red Hot**

Marimea portiei: 1 portie

Ingrediente

- 2 căni de spanac

- ½ lime

- 1 jalapeño

- 1 sfeclă roșie medie

- 1 bucată de ghimbir (proaspăt)

- 2 tulpini de telina

- 5 morcovi mari

Direcții:

a) Spălați toate fructele și legumele, apoi folosiți un prosop de hârtie pentru a le usca.

b) Curățați limea, sfecla roșie, ghimbirul și morcovii.

c) Dacă doriți să reduceți picantența, puteți mai întâi să desămânțați jalapeño.

d) Tăiați toate ingredientele (cu excepția jalapeño) în bucăți care se vor potrivi în jgheabul de alimentare al storcatorului dvs.

e) Puneți bucățile de fructe și legume în storcatorul dvs. Apăsați storcatorul până când începe să curgă sucul proaspăt. Preluarea ingredientelor va depinde de tipul de storcător pe care îl dețineți.

f) Când aveți suficient suc pentru a umple un pahar, bucurați-vă de acest amestec unic de suc.

22. Amestec de afine de citrice

RANDAMENTE 1 CANA

Ingrediente

- 1 cană afine
- 2 portocale, decojite
- 1 grapefruit roz, decojit

Direcții:

a) Procesați fructele prin tubul de alimentare al unui storcator electronic conform instrucțiunilor producătorului în orice ordine doriți.

b) Se bea cât mai curând posibil după preparare.

23.   Suc de portocale pepene verde

RANDAMENTE 11/2 CANI

Ingrediente

- 2 căni bucăți de pepene verde
- 1 portocală mare, decojită

Direcții:

a) Procesați fructele printr-un storcator electronic conform instrucțiunilor producătorului.

b) Se serveste singur sau peste gheata.

24.   Specială pentru sfeclă de pădure

RANDAMENTE 1 CANA

Ingrediente

- 1 cană afine
- 1/2 cană căpșuni
- 1/2 sfeclă medie
- 1 frunză mare curcubeu
- 1/2 cană apă de izvor

Direcții:

a) Procesați fructele de pădure printr-un storcator electronic conform instrucțiunilor producătorului.
b) Adăugați sfecla și sfecla.
c) Bateți sucul împreună cu apa pentru a omogeniza și bucurați-vă!

25.   Gustare Sassy

Ingrediente

- cartof dulce, decojit
- 4 tulpini de telina, cu frunze
- 1/2 cană spanac
- 1 dovlecel
- 1 castravete

Direcții:

a) Tăiați cartofii dulci în bucăți și procesați printr-un storcator electronic conform instrucțiunilor producătorului.

b) Adăugați țelina și spanacul.

c) Tăiați dovlecelul în bucăți și adăugați-l în storcător, urmat de castraveți.

d) Bateți bine sucul pentru a se combina și serviți peste gheață după cum doriți.

26. Greutate Obiectiv Shake

RENDĂ 21/2 CANI (2 PORȚII)

Ingrediente

- 1 sfeclă de zahăr medie, blaturi opționale
- 5 morcovi, tăiați
- 2 tulpini de telina, inclusiv frunzele
- 1 castravete, tăiat în bucăți
- 1 grapefruit, decojit
- 1 kiwi
- prună, fără sâmburi
- pere, fără miez
- 2 mere, fără miez

Direcții:

a) Procesați sfecla și morcovii printr-un storcator electronic conform instrucțiunilor producătorului.
b) Adăugați țelina și castraveții.
c) Adăugați grapefruitul și kiwi, urmate de prune.
d) Adăugați perele și merele.
e) Bateți sau agitați sucul pentru a combina ingredientele. Serviți direct sau peste gheață.

27. Punch cu mere și pepene verde

RANDAMENTE 11/2 CANI

Ingrediente

- mere, fără miez
- căni de pepene verde, tăiate în bucăți

Direcții:

a) Procesați merele printr-un storcator electronic conform instrucțiunilor producătorului.
b) Adăugați pepenele verde.
c) Bateți sucul împreună pentru a se combina și serviți imediat.

28.   Sweet Shake

RENDĂ 1 CĂȘĂ

Ingrediente

- 1 banană, congelată sau proaspătă
- 1 măr, fără miez
- 1 lingurita de condiment pentru placinta cu dovleac
- Banane în blender

Direcții:

a) Utilizați un storcător de tip glonț sau un blender pentru a combina fructe pulpoase, cum ar fi bananele și avocado.

b) Combină toate ingredientele într-un blender și pasează până se omogenizează.

c) Serviți imediat.

29. Super cocktail de pierdere în greutate

RENDĂ 2 CANI (2 PORȚII)

Ingrediente

- 2 tulpini de telina, inclusiv frunzele
- 1/2 castravete
- 1/4 cap de varză verde
- 2 tulpini de bok choy
- 1/2 măr mediu, fără miez
- 1/2 lămâie, decojită
- 1 (1/2 inch) bucată de ghimbir
- 1/2 cană pătrunjel
- 5 frunze de guliză
- 1 cană spanac

Direcții:

a) Procesați țelina și castraveții printr-un storcator electronic conform instrucțiunilor producătorului.

b) Tăiați varza în bucăți și adăugați-o în storcator, urmată de bok choy, măr și lămâie.

c) Adăugați ghimbirul și pătrunjelul.

d) Adăugați varza kale sau gule și spanacul.

e) Se serveste singur sau peste gheata.

30. Simțiți Arzătorul de grăsimi

RENDĂ 21/2 CANI (2 PORȚII)

Ingrediente

- 2 roșii mari, tăiate în sferturi
- tulpini de țelină
- sau 4 ridichi, cu coada si tuns
- 1 ardei gras rosu dulce, fara samburi
- 1 ardei banană galben sau 1 ardei jalapeño proaspăt, fără semințe
- 3 cepe verzi
- 1/2 linguriță piper cayenne
- Un strop generos de sos Tabasco, sau după gust

Direcții:

a) Procesați roșiile și țelina printr-un storcator electronic conform instrucțiunilor producătorului.
b) Adăugați ridichile și ardeii.
c) Adăugați ceapa verde.
d) Adăugați cayenne și sosul iute.
e) Bateți sucul pentru a se combina și bucurați-vă!

31.   Anticelulita

RANDAMENTE 1 CANA

Ingrediente

- 1 măr, fără miez
- grapefruit, decojit
- tulpini de telina, cu frunze
- 1/2 castravete
- 2 linguri frunze de menta proaspata

Direcții:

a) Procesați mărul printr-un storcator electronic conform instrucțiunilor producătorului.

b) Adăugați bucățile de grepfrut, urmate de țelină.

c) Adăugați castravetele și frunzele de mentă.

d) Bateți sau agitați sucul pentru a omogeniza și savurați!

32.   Grapefruit Nasturel Delight

Ingrediente

- grepfrut, decojit
- 1/2 cană de nasturel
- sau 4 crengute de patrunjel

Direcţii:

a) Procesaţi grapefruit-urile printr-un storcator electronic conform instrucţiunilor producătorului.
b) Adauga nasturelul si patrunjelul.
c) Serviţi sucul singur sau peste gheaţă.

33.   Suc de slăbit Tropic

Ingrediente

- 2 mango, cu semințe
- 1 măr, fără miez
- 1 grapefruit, decojit
- 1 (1/2 inch) bucată de ghimbir

Direcții:

a) Procesați mango printr-un storcator electronic conform instrucțiunilor producătorului.

b) Se adauga marul, urmat de segmentele de grepfrut si ghimbirul.

c) Bateți sau agitați sucul pentru a combina ingredientele și serviți.

34. Suc de mere de zmeura

Ingrediente

- 2 cani de zmeura
- 2 mere, fără miez
- 1 lime, decojită

Direcții:

a) Procesați fructele de pădure printr-un storcator electronic conform instrucțiunilor producătorului.

b) Adăugați merele, urmate de lime.

c) Bateți sau agitați sucul pentru a combina ingredientele și serviți singur sau peste gheață.

35.   Suc de Jicama

RENDĂ 1 CĂȘĂ

Ingrediente

- 1 jicama intreaga
- 2 căni de spanac
- 1/2 sfeclă medie
- 1/2 lămâie, decojită
- 1 portocală medie, decojită

Direcții:

a) Procesați jicama printr-un storcator electronic conform instrucțiunilor producătorului.

b) Adăugați spanacul.

c) Se adauga sfecla, urmata de segmentele de lamaie si portocala.

d) Bateți sau agitați sucul pentru a combina ingredientele și serviți peste gheață, dacă doriți.

36.   Bonanza portocalie

RENDĂ 2 CANI

Ingrediente

- 2 sfeclă de zahăr mici, tăiate și coadă
- 2 portocale mari, decojite
- 1/2 lămâie, decojită
- morcov mare, tăiat
- cani de spanac
- 2 tulpini de telina cu frunze
- 1 (1 inch) bucată de ghimbir proaspăt

Direcții:

a) Procesați sfecla cu ajutorul unui storcator electronic conform instrucțiunilor producătorului.

b) Adauga segmentele de portocala, urmate de lamaie.

c) Procesați morcovul, apoi adăugați spanacul și țelina. Adăugați ghimbirul.

d) Bateți sucul pentru a combina ingredientele, serviți imediat.

37.   Reîmprospătare cu mentă

RENDĂ 1 CĂȘĂ

Ingrediente

- 1 măr, fără miez
- 5 crengute de menta
- 1 lime, decojit

Direcții:

a) Procesați țelina printr-un storcator electronic conform instrucțiunilor producătorului.

b) Se adauga marul, urmat de menta si lime.

c) Se serveste singur sau peste gheata.

d) Un strop generos de sos iute

e) Ierburi proaspete pentru garnitură (opțional)

f) Combinați ingredientele în bolul de lucru al unui robot de bucătărie sau al blenderului până la omogenizare.

g) Se da la rece 1 oră sau mai mult și se ornează cu ierburi proaspete după cum doriți.

SURCUL PENTRU SISTEMUL IMUNO

38. Sucuri de citrice

Ingrediente

- 3 mandarine sau 2 portocale mici – decojite
- 1 lămâie mică, tăiată coaja
- 1 lime mică, tăiată coaja
- 1 inch de ghimbir decojit și feliat subțire
- 1/2 linguriță de turmeric uscat sau 1/2 inch de turmeric proaspăt decojit
- Un praf de sare de mare adevarata
- Un praf de piper negru
- Miere, după gust (omiteți pentru Whole30)
- 1 1/2 cani de apa

Direcții

a) Curățați mandarinele sau portocalele și tăiați coaja de lămâie și lime. Dacă utilizați un blender de mare viteză precum un blender, toate fructele pot fi păstrate întregi. În caz contrar, poate doriți să-l tăiați în bucăți mai mici.

b) Curățați și feliați ghimbirul, apoi adunați celelalte ingrediente.

c) Adăugați toate ingredientele într-un blender. Amestecați la mare până se omogenizează și nu rămân bucăți de fructe sau ghimbir.

d) Serviți imediat sau mutați la frigider pentru a se păstra până când este gata de savurat. Agitați înainte de a turna!

39. Suc de roşii

Ingrediente

- 3 kg de roşii de grădină foarte coapte, fără miez, tăiate grosier
- 1 1/4 cani de telina tocata cu frunze
- 1/3 cana ceapa tocata
- 2 linguri zahar (dupa gust)
- 1 lingurita sare
- Ciupiți piper negru
- Câteva shake-uri de sos Tabasco, aproximativ 6-8 picături (după gust)

Direcții:

a) Pune toate ingredientele într-o oală mare, nereactivă (foloseşte oțel inoxidabil, nu aluminiu). Aduceți la fiert şi gătiți, fără acoperire, până când amestecul este complet supos, aproximativ 25 de minute.

b) Forțați amestecul printr-o sită, chineză sau moară alimentară. Se răceşte complet.

c) A se pastra acoperit si racit. Va rezista aproximativ 1 saptamana la frigider.

40.   Amestec de suc ABC

Marimea portiei: 1 portie

Ingrediente

- 1 mar verde
- 1 lămâie
- 1 bucată de ghimbir (proaspăt)
- 2 sfeclă
- 3 morcovi

Direcții:

a) Spălați toate fructele și legumele, apoi folosiți un prosop de hârtie pentru a le usca.

b) Curățați mărul verde, lămâia, ghimbirul, sfecla și morcovii.

c) Tăiați toate ingredientele în bucăți care se vor potrivi în jgheabul de alimentare al storcătorului dvs.

d) Puneți bucățile de fructe și legume în storcatorul dvs. Apăsați storcatorul până când începe să curgă sucul proaspăt. Preluarea ingredientelor va depinde de tipul de storcător pe care îl dețineți.

e) Când aveți suficient suc pentru a umple un pahar, bucurați-vă de acest amestec sănătos de suc care promovează imunitatea.

41.   Amestecul de suc Sunshine

Marimea portiei: 1 portie

Ingrediente

- 1 bucată de ghimbir (proaspăt)

- 2 portocale

- 4 morcovi

Direcții:

a) Spălați toate fructele și legumele, apoi folosiți un prosop de hârtie pentru a le usca.

b) Curățați ghimbirul, portocalele și morcovii.

c) Tăiați toate ingredientele în bucăți care se vor potrivi în jgheabul de alimentare al storcătorului dvs.

d) Puneți bucățile de fructe și legume în storcatorul dvs. Apăsați storcatorul până când începe să curgă sucul proaspăt. Preluarea ingredientelor va depinde de tipul de storcător pe care îl dețineți.

e) Când aveți suficient suc pentru a umple un pahar, bucurați-vă de acest amestec de suc proaspăt, însorit, care întărește imunitatea.

SUCURARE PENTRU O MAI BUNĂ DIGESTIE

42.   Suc de lamaie

Porții: 6

Ingrediente

- 3-4 Lămâi mari pentru a obține 1 cană de suc de lămâie
- 2 litri apa
- ¼ cană zahăr Opțional sau după gust
- 1 garnitură de lămâie feliată mică (opțional)

Direcții:

a) Rotiți lămâile pe blat cu mișcări circulare sau rulați între palme. Acest lucru este astfel încât să fie ușor de suc.

b) Ingrediente afișate.

c) Tăiați fiecare lămâie în 2 părți egale și zeamă.

d) lămâi tăiate fiind smulse.

e) Se toarnă sucul de lămâie proaspăt stors într-un ulcior apoi se adaugă 2 litri de apă rece.

f) Adăugați lămâile tăiate felii (opțional) și zahăr dacă folosiți.

g) zeama si feliile de lamaie adaugate in ulcior.

h) Se amestecă bine și se pune la frigider pentru cel puțin 30 de minute sau se servește imediat pe gheață.

i) limonada în cană și ulcior.

43.   Suc de Prune

Porții 2

Ingrediente
- 1 + 1/4 cană apă
- 5 prune uscate
- 2 lingurite de zahar
- 1 lingurita suc de lamaie
- putina gheata cuburi

Direcții:
a) Luați prune uscate. Adăugați 1/4 cană de apă la el.
b) Păstrați acoperit și lăsați deoparte 15-20 de minute.
c) Într-un blender adăugați prune înmuiate, 1 cană de apă, apoi adăugați zahăr.
d) Amestecă-l până la omogenizare.
e) Extrageți sucul complet cumpărați apăsând cu o lingură. La sfarsit adauga zeama de lamaie.
f) În paharul de servire adăugați câteva cuburi de gheață, apoi turnați sucul amestecați-l și serviți imediat.

44.   Amestec de sucuri antioxidante

Marimea portiei: 1 portie

Ingrediente

- 2 lingurițe de oțet de mere (de preferință organic cu „Mama")

- ½ cană de pătrunjel

- ½ sfeclă

- 1 castravete mediu

- 1 măr mic

- 1 lămâie mică

- 3 morcovi medii

- 4 batoane de telina

- ghimbir (proaspăt, puteți adăuga cât doriți)

Direcţii:

a) Spălaţi toate fructele şi legumele, apoi folosiţi un prosop de hârtie pentru a le usca.

b) Curăţaţi sfecla, castraveţii, merele, lămâia şi morcovii.

c) Tăiaţi toate ingredientele în bucăţi care se vor potrivi în jgheabul de alimentare al storcătorului dvs.

d) Puneţi bucăţile de fructe şi legume în storcatorul dvs. Apăsaţi storcatorul până când începe să curgă sucul proaspăt. Preluarea ingredientelor va depinde de tipul de storcător pe care îl deţineţi.

e) Când aveţi suficient suc pentru a umple un pahar, amestecaţi oţetul de cidru de mere şi bucuraţi-vă!

45.   Go Green Juice Blend

Marimea portiei: 1 portie

Ingrediente

- 1 castravete

- 1 mar verde

- 1 lămâie

- 5 frunze de kale

Direcții:

a) Spălați toate fructele și legumele, apoi folosiți un prosop de hârtie pentru a le usca.

b) Curățați castraveții, merele și lămâia.

c) Tăiați toate ingredientele în bucăți care se vor potrivi în jgheabul de alimentare al storcătorului dvs.

d) Puneți bucățile de fructe și legume în storcatorul dvs. Apăsați storcatorul până când începe să curgă sucul proaspăt. Preluarea ingredientelor va depinde de tipul de storcător pe care îl dețineți.

e) Când aveți suficient suc pentru a umple un pahar, bucurați-vă de acest amestec proaspăt de suc care vă va îmbunătăți digestia.

SURCUREA PENTRU REGLARE HORMONALA

46.   Cruciferous Veggie

Ingrediente

- 2 linguri frunze de mentă
- 1 cană spanac
- 3 tulpini de țelină
- $\frac{1}{2}$ castravete
- 1 cană de varză verde
- 1 cană de broccoli (tulpini și flori)
- $\frac{1}{2}$ măr roșu
- 1 Lămâie mică (3/4 din coajă îndepărtată)
- 1 bucată de ghimbir proaspăt de mărimea unui deget (decojit)

Direcții:

a) Spălați și tăiați toate ingredientele.

b) Trece prin storcator.

47. Suc de vişine

Marimea portiei: 1 portie

Ingrediente

- ½ picătură de ulei esențial de busuioc
- 1 cană frunze de kale (tocate)
- 1 cana de ananas (tocat)
- 1 tei
- 2 castraveți
- 3 tulpini de telina

Direcții:

a) Spălați toate fructele și legumele, apoi folosiți un prosop de hârtie pentru a le usca.

b) Curățați limea și castraveții.

c) Tăiați toate ingredientele în bucăți care se vor potrivi în jgheabul de alimentare al storcătorului dvs.

d) Puneți bucățile de fructe și legume în storcatorul dvs. Apăsați storcatorul până când începe să curgă sucul proaspăt. Preluarea ingredientelor va depinde de tipul de storcător pe care îl dețineți.

e) Când aveți suficient suc pentru a umple un pahar, adăugați uleiul esențial de busuioc după gust (și pentru a adăuga nutriție) și bucurați-vă.

48. Amestec de suc de culoarea portocalei

Marimea portiei: 1 portie

Ingrediente:

- 2 căni de verdeață precum kale și spanac
- 1 sfeclă
- 1 portocală
- 1 măr mic
- 3 morcovi

Direcții:

a) Spălați toate fructele și legumele, apoi folosiți un prosop de hârtie pentru a le usca.

b) Curățați sfecla, portocala, merele și morcovii.

c) Tăiați toate ingredientele în bucăți care se vor potrivi în jgheabul de alimentare al storcătorului dvs.

d) Puneți bucățile de fructe și legume în storcatorul dvs. Apăsați storcatorul până când începe să curgă sucul proaspăt. Preluarea ingredientelor va depinde de tipul de storcător pe care îl dețineți.

e) Când aveți suficient suc pentru a umple un pahar, bucurați-vă imediat de acest amestec de suc pentru cele mai bune rezultate.

SURCUL PENTRU DETOXIFICARE

49.   Suc de mere

Ingrediente:

- 18 mere
- Scorțișoară (opțional)
- zahăr (opțional)

Direcții:

a) Începeți prin a spăla și apoi a curăța mărul pentru a îndepărta semințele. Tăiați merele în felii. Nu este nevoie să curățați merele de coajă.

b) Adăugați merele în oală și adăugați suficientă apă pentru a le acoperi. Prea multă apă și vei avea suc destul de diluat. Acest suc poate ieși puțin tare, dar este mult mai ușor să diluați sucul cu apă suplimentară, decât să încercați să faceți aroma mai puternică.

c) Fierbe merele incet aproximativ 20-25 de minute sau pana cand merele sunt destul de moi. Puneți un filtru de cafea sau o bucată de pânză în sită cu plasă fină și puneți-l peste un castron.

d) Puneți încet amestecul de suc fierbinte/mere într-o strecurătoare cu plasă fină și zdrobiți ușor merele. Sucul va fi filtrat prin fund în bolul dvs., în timp ce mușca de mere va rămâne în urmă. Puneți ciuperca într-un castron separat

pentru mai târziu. Repetați acest proces
până când tot sucul este în bol.

e) Gustați sucul după ce s-a răcit puțin.
Puteți adăuga zahăr sau scorțișoară
suplimentar în funcție de preferințe. Din
nou, dacă aroma este prea puternică,
puteți adăuga apă câte puțin pentru a
slăbi aroma.

f) Mushie de mere pe care ați colectat-o
poate fi ușor transformată în sos de
mere prin piure și adăugarea unui pumn de
zahăr și scorțișoară după gust.

g) Ține minte că sucul tău de mere de casă
nu are suc de fructe de pădure

h)

50. Amestec de suc detoxifiant

Marimea portiei: 4 portii

Ingrediente:

- $\frac{1}{2}$ lămâie
- 1 bucată de ghimbir (proaspăt)
- 2 mere medii
- 3 sfeclă medie
- 6 morcovi

Direcții:

a) Spălați toate fructele și legumele, apoi folosiți un prosop de hârtie pentru a le usca.

b) Curățați lămâia, ghimbirul, merele, sfecla și morcovii.

c) Tăiați toate ingredientele în bucăți care se vor potrivi în jgheabul de alimentare al storcătorului dvs.

d) Puneți bucățile de fructe și legume în storcatorul dvs. Apăsați storcatorul până când începe să curgă sucul proaspăt. Preluarea ingredientelor va depinde de tipul de storcător pe care îl dețineți.

e) Când aveți suficient suc pentru a umple un pahar, bucurați-vă de acest amestec de suc și păstrați restul în frigider timp de până la o săptămână.

51. Amestec de suc de ghimbir și zinger de legume

Marimea portiei: 1 portie

Ingrediente:

- ½ cană de pătrunjel

- 2 căni de spanac

- ½ castravete

- ½ lămâie

- 1 mar verde

- 2 tulpini de telina

- 2 bucati de ghimbir (proaspat)

Direcții:

a) Spălați toate fructele și legumele, apoi folosiți un prosop de hârtie pentru a le usca.

b) Curățați castraveții, lămâia, merele și ghimbirul.

c) Tăiați toate ingredientele în bucăți care se vor potrivi în jgheabul de alimentare al storcătorului dvs.

d) Puneți bucățile de fructe și legume în storcatorul dvs. Apăsați storcatorul până când începe să curgă sucul proaspăt. Preluarea ingredientelor va depinde de tipul de storcător pe care îl dețineți.

e) Când aveți suficient suc pentru a umple un pahar și bucurați-vă de acest amestec de suc răcit pentru cele mai bune rezultate.

52.   Special de detoxifiere

e

u

RANDAMENTE 1 CANA

Ingrediente:

- 3 sfeclă de zahăr medie, inclusiv verdeață, tăiate
- 1 morcov mediu, tăiat
- 1/2 kilogram struguri negri fără semințe

Direcții:

a) Tăiați sfecla și verdeața în bucăți.
b) Procesați sfecla, verdeața și morcovul prin storcatorul electronic conform instrucțiunilor producătorului.
c) Adăugați strugurii.
d) Bateți sucul pentru a combina complet ingredientele. Bea imediat.

53. Borș într-un pahar

RANDAMENTE 1 CANA

Ingrediente:

- 2 sfeclă de zahăr mici, inclusiv verdeață
- 1 măr mediu, fără miez
- 1 portocala medie, curatata de coaja si segmentata
- 3 cepe verzi, inclusiv blaturi
- castraveți mari
- 2 linguri frunze de menta proaspata

Direcții:

a) Procesați sfecla și verdeața prin storcatorul electronic conform instrucțiunilor producătorului.

b) Se adauga marul, urmat de segmentele de portocala.

c) Adăugați ceapa și castraveții.

d) Adăugați frunzele de mentă.

e) Se amestecă bine sucul pentru a se combina și se servește peste gheață.

54. Verzi plini de farmec

RENDĂ 2 CANI

Ingrediente:

- 1/2 legătură de spanac, aproximativ 2 căni
- 1 cană de nasturel
- 1 cană rucola
- măr mediu, fără miez
- 1/2 lămâie, decojită
- tulpini de telina, cu frunze
- 1/2 inch felie de ghimbir proaspăt

Direcții:

a) Procesați mărul printr-un storcator electronic conform instrucțiunilor producătorului.
b) Adăugați lămâia și tulpinile de țelină.
c) Adăugați verdeața și ghimbirul în orice ordine.
d) Bateți sucul pentru a se combina și serviți bine răcit sau peste gheață.

55.   Puterea rodiei

RANDAMENTE 1 CANA

Ingrediente:

- 4 rodii, decojite
- 1/2 lămâie, decojită 2 linguri miere crudă

Direcții:

a) Procesați rodiile decojite printr-un storcator electronic conform instrucțiunilor producătorului.
b) Adăugați lămâia.
c) Adăugați mierea în sucul rezultat.
d) Bateți sucul până când mierea este complet dizolvată și bucurați-vă!

56.   Stimularea curățării corpului

INGREDIENTE | RENDĂ 1 CĂȘĂ

Ingrediente:

- 1 cană buchețele de broccoli
- 3 morcovi medii, tăiați
- 1 măr mediu, cum ar fi Granny Smith, fără miez
- 1 tulpină de țelină, inclusiv frunzele
- 1/2 cană frunze de spanac

Direcții:

a) Procesați broccoli, morcovi și merele printr-un storcator electronic conform instrucțiunilor producătorului.
b) Adăugați tulpina de țelină și frunzele de spanac.
c) Se amestecă bine sucul și se bea cât mai curând posibil după preparare pentru un efect maxim.

57. Omul de Fier

RENDĂ 3 CANI (2 PORȚII)

Ingrediente:

- 4 portocale mari, decojite
- 4 lămâi medii, decojite
- 1/4 cană miere crudă, sau după gust
- 4 căni de struguri fără semințe roșii, negri sau verzi

Direcții:

a) Procesați portocalele și lămâile într-un storcator electronic conform instrucțiunilor producătorului.
b) Se adauga mierea, urmata de strugurii.
c) Bateți sucul pentru a se combina complet și bucurați-vă! Dacă preferați, adăugați apă rece pentru a dilua puțin sucul și a reduce intensitatea aromei.

58.   Detoxifiere totală a corpului

RENDĂ 1 CĂȘĂ

Ingrediente:

- 1 roșie mare
- 2 tulpini de sparanghel
- 1 castravete mediu
- 1/2 lămâie, decojită

Direcții:

a) Procesați roșia și sparanghelul prin storcatorul electronic conform instrucțiunilor producătorului.

b) Adăugați castravetele și lămâia.

c) Se amestecă sucul pentru a se combina și se servește rece sau peste gheață.

59.   Curata morcovi

RANDAMENTE 1 CANA

Ingrediente:

- 1/2 kg morcovi, tăiați
- 1 măr mare, fără miez
- 1 lamaie, curatata si fara samburi

Direcții:

a) Procesați morcovii, pe rând, prin storcatorul dumneavoastră electronic conform instrucțiunilor producătorului.
b) Tăiați mărul în bucăți și adăugați.
c) Adăugați lămâia.
d) Bateți sucul pentru a se combina și savurați imediat.

60. Cocktail de anghinare coriandru

RENDĂ 1 CĂȘĂ

Ingrediente:

- 4 anghinare
- 1 legătură de coriandru proaspăt, aproximativ 1 cană
- 4 ridichi mari, cu coada si tunsoare
- 3 morcovi medii, tăiați

Direcții:

a) Procesați topinamburul, pe rând, prin storcatorul electronic conform instrucțiunilor producătorului.
b) Rulați coriandru într-o bilă pentru a se comprima și adăuga.
c) Adăugați ridichile și morcovii.
d) Se amestecă bine sucul pentru a se combina și se servește peste gheață după cum doriți.

61.   C-Water Detox

RANDAMENTE 11/2 CANI

Ingrediente:

- 3 kiwi
- 2 grapefruit roz, curatati de coaja si fara samburi
- 4 uncii de apă

Direcții:

a) Procesați kiwi și grapefruitul prin storcatorul electronic conform instrucțiunilor producătorului.

b) Adăugați apa și amestecați bine.

c) Bea cât mai curând posibil după preparare, deoarece vitamina C proaspătă se deteriorează rapid.

62. Curăță cu căpșuni cu papaya

RANDAMENTE 11/4 CANI

Ingrediente:

- 2 papaya
- 1 cană căpșuni, coaja intactă

Direcții:

a) Procesați papaya și căpșunile prin storcatorul electronic conform instrucțiunilor producătorului.

b) Amestecați și bucurați-vă!

63. Cocktail de mere castraveți

RENDĂ 1 CĂȘĂ

Ingrediente:

- 1 castravete mediu
- 1 măr mediu, fără miez
- Apă pentru a face 1 cană de suc

Direcții:

a) Procesați castravetele și mărul prin storcatorul electronic conform instrucțiunilor producătorului.

b) Adăugați apă pentru a face 1 cană și amestecați bine. Bea și bucură-te!

64.   Smoothie cu avocado

RANDAMENTE 11/2 CANI

Ingrediente:

- 2 frunze de varza varza sau smog, tocate
- 1/2 cană bucăți de mango
- 1/4 avocado
- 1/2 cană apă de cocos
- 1/2 cană de gheață

Direcții:

a) Procesați varza kale sau smog elvețian și bucățile de mango printr-un storcator electronic conform instrucțiunilor producătorului.

b) Transferați amestecul într-un blender și adăugați avocado, apa de cocos și gheață.

c) Se amestecă până la omogenizare.

65. Demachiant cu mentă pepene galben

RANDAMENTE 11/2 CANI

Ingrediente:

- 3/4 cană afine
- 3 morcovi medii, tăiați
- 2 mere, fără miez

Direcții:

a) Procesați merișoarele printr-un storcator electronic conform instrucțiunilor producătorului.
b) Adăugați morcovii și merele.
c) Se amestecă bine sucul și se servește.

67. Curăță de varză cu varză

RANDAMENTE 11/2 CANI

Ingrediente:

- 1 cană buchețele de broccoli
- 1 varză roșie cu cap mic
- 3 frunze mari de varza varza sau smog

Direcții:

a) Procesați broccoli printr-un storcator electronic conform instrucțiunilor producătorului.
b) Tăiați varza în bucăți și adăugați-o în storcator.
c) Adauga varza varza sau matula.
d) Se amestecă bine sucul și se servește singur sau peste gheață.

68.   Yamtastic

RANDAMENTE 11/2 CANI

Ingrediente:

- 3 portocale, decojite
- 2 pere Anjou, fără miez
- 1 igname mare, decojită

Direcții:

a) Procesați segmentele de portocale printr-
   un storcator electronic conform
   instrucțiunilor producătorului.
b) Adăugați perele.
c) Tăiați yam-ul în bucăți și adăugați-l în
   storcator. Serviți peste gheață.

69.   Crezetul

RANDAMENTE 11/2 CANI

Ingrediente:

- 1 tulpină de broccoli
- 1/4 varză de cap
- 1/4 cap de conopida
- frunze de kale
- 1/2 lămâie, decojită
- 2 mere, fără miez

Direcţii:

a) Procesaţi segmentele de broccoli printr-un storcator electronic conform instrucţiunilor producătorului.

b) Se adauga varza, urmata de conopida.

c) Adauga varza kale, urmata de lamaie si merele.

d) Bateţi sucul împreună pentru a se combina şi serviţi peste gheaţă.

70. Cidru de scorțișoară

RANDAMENTE 11/2 CANI

Ingrediente:

- 2 mere, fără miez
- 8 tulpini de telina
- Strop de scorțișoară

Direcții:

a) Procesați merele printr-un storcator electronic conform instrucțiunilor producătorului.
b) Adăugați țelina. Adăugați scorțișoara în sucul rezultat.
c) Bateți sucul împreună pentru a se combina și serviți imediat.

71. Curățarea legumelor rădăcinoase

Ingrediente:

- 1/2 sfeclă medie, cu coadă și tăiată
- 3 morcovi medii, tăiați
- 2 mere, fără miez
- 1 cartof dulce mediu, tăiat în bucăți
- 1/4 ceapă dulce spaniolă sau Vidalia, decojită

Direcții:

a) Procesați sfecla și morcovii printr-un storcator electronic conform instrucțiunilor producătorului.

b) Se adauga merele si cartofii dulci, urmate de ceapa.

c) Se amestecă bine sucul pentru a combina ingredientele și se servește imediat.

72. Ceai de mango

RENDĂ 2 CANI

Ingrediente:

- 1/2 mango, curatat de coaja si fara samburi
- 1 cană apă fierbinte
- 1 plic de ceai de plante

Direcţii:

a) Procesaţi mango printr-un storcator electronic conform instrucţiunilor producătorului.

b) Se toarnă apă peste pliculeţul de ceai şi se lasă la infuzat timp de 2 minute.

c) Adăugaţi 1/4 cană suc de mango în ceai şi amestecaţi.

73. Bea-ți verdeața

Ingrediente:

- 2 căni de frunze de spanac pentru copii
- 6 Telina
- 2 castraveți mari
- 1/2 Lămâie
- 2 mere medii
- Ghimbir de 1-2 inci
- 1/4 - 1/2 cană frunze de pătrunjel

Direcții

a) Spălați, pregătiți și tocați produsele.
b) Adăugați produse în storcător pe rând.
c) Se serveste rece peste gheata. Se poate păstra în borcane sau pahare bine închise la frigider timp de 7-10 zile. Agitați sau amestecați bine înainte de a bea.

74. Detoxifiantul

Ingrediente:

- 2-3 Sfecla
- 6 morcovi
- 2 mere medii
- 1/2 Lămâie
- Ghimbir de 1-2 inci

Direcții

a) Spălați, pregătiți și tocați produsele.

b) Adăugați produse în storcător pe rând.

c) Se serveste rece peste gheata. Se poate păstra în borcane sau pahare bine închise la frigider timp de 7-10 zile. Agitați sau amestecați bine înainte de a bea.

75.   Viziunea

Ingrediente:

- 8 morcovi mari
- 2-3 Navel Portocale
- Ghimbir de 1-2 inci
- Turmeric de 1 inch (opțional)

Direcții

a) Spălați, pregătiți și tocați produsele.

b) Adăugați produse în storcător pe rând.

c) Se serveste rece peste gheata. Se poate păstra în borcane sau pahare bine închise la frigider timp de 7-10 zile. Agitați sau amestecați bine înainte de a bea.

76.   Morcov dulce

Ingrediente:

- 10 morcovi mari
- 2 mere medii
- 1/4 cana patrunjel (optional)

Direcţii

a) Spălaţi, pregătiţi şi tocaţi produsele.

b) Adăugaţi produse în storcător pe rând.

c) Se serveste rece peste gheata. Se poate păstra în borcane sau pahare bine închise la frigider timp de 7-10 zile. Agitaţi sau amestecaţi bine înainte de a bea.

SUCURARE PENTRU ÎNCETIREA ÎMBĂTRĂNIREA

77.   Suc de struguri roşii

Porții: 6 porții

Ingrediente

- 1-2 lbs. Struguri roșii
- 2 cani de apa
- $\frac{1}{4}$ cană de zahăr

Direcții:

a) Umpleți Blend -ul cu struguri .
b) Adăugați apă și zahăr.
c) Strecurați pulpa dacă doriți.
d) Serviți rece.

78. Suc de castraveți

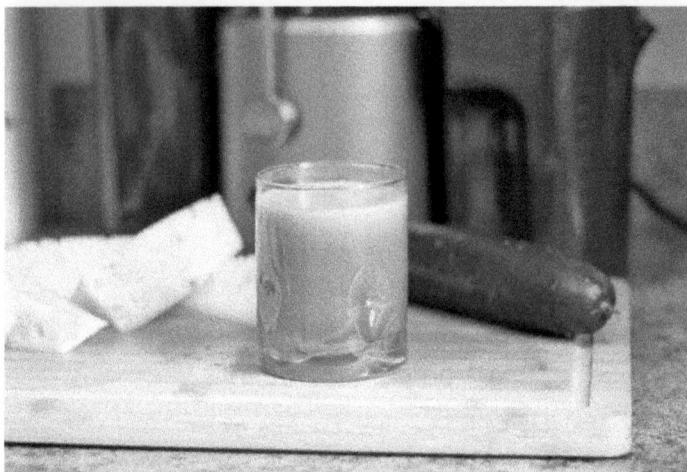

Ingrediente

- 6 căni de apă
- 2 castraveți englezi
- 1 suc de lamaie si coaja
- 2 linguri de menta proaspata

Direcții:

a) Tăiați capetele castraveților și curățați-le de coajă. Tăiați în câteva bucăți mai mari.

b) Pune castraveții, apa, coaja de lămâie, sucul de lămâie și menta într-un robot de bucătărie sau într-un blender. Amestecă ingredientele timp de 2-3 minute până se omogenizează.

c) Pune o strecurătoare peste un castron mai mare și toarnă sucul de castraveți în strecurătoare. Folosiți o spatulă pentru a muta sucul prin strecurătoare până când nu se mai scurge sucul. Aruncați solidele.

d) Savurați imediat sucul de castraveți sau păstrați-l la frigider până la 24 de ore.

79. Amestec de suc tânăr și proaspăt

Marimea portiei: 1 portie

Ingrediente
- 2 cani de mere

- 2 căni de afine

Direcții:

a) Spălați toate fructele, apoi folosiți un prosop de hârtie pentru a le usca.

b) Decojiți mărul și tăiați-l în bucăți care să se potrivească în jgheabul de alimentare al storcătorului dvs.

c) Pune fructele în storcătorul tău. Apăsați storcatorul până când începe să curgă sucul proaspăt. Preluarea ingredientelor va depinde de tipul de storcător pe care îl dețineți.

d) Când aveți suficient suc pentru a umple un pahar, bucurați-vă de acest amestec de suc anti-îmbătrânire.

80.   Amestec de suc roz pentru tineret

Dimensiunea porției: 1 porție

Ingrediente

- ½ cană de căpșuni
- 1 cană de afine
- 1 ½ cani de apa
- 1 frunză mare de varză
- 1 sfeclă mică

Direcții:

a) Spălați toate fructele și legumele, apoi folosiți un prosop de hârtie pentru a le usca.

b) Curățați sfecla de coajă și îndepărtați tulpina frunzei de varză.

c) Tăiați toate ingredientele în bucăți care se vor potrivi în jgheabul de alimentare al storcătorului dvs.

d) Puneți bucățile de fructe și legume în storcatorul dvs. Apăsați storcatorul până când începe să curgă sucul proaspăt. Preluarea ingredientelor va depinde de tipul de storcător pe care îl dețineți.

e) Când ai suficient suc pentru a umple un pahar și a te bucura de acest amestec tanar de suc care arată grozav și are un gust și mai bun.

SUCURARE PENTRU CORP SĂNĂTOS

81. Explozie de afine

Ingrediente

- 1 cană afine
- 2 morcovi mari, tăiați
- 1/2 cană bucăți de ananas proaspăt

Direcții:

a) Urmând instrucțiunile producătorului, procesați afinele, morcovii și ananasul în orice ordine doriți.

b) Amestecați sau agitați sucul pentru a se amesteca complet, adăugând gheață după cum doriți.

c) Beți cât mai curând posibil după amestecare.

82. Suc de capsuni de portocale

RANDAMENTE 11/2 CANI

Ingrediente

- 1 portocală mare, decojită
- 1 cană căpșuni
- 1 banană, decojită

Direcții:

a) Procesați portocala și căpșunile printr-un storcator electronic conform instrucțiunilor producătorului.

b) Adăugați banana și transferați într-un blender până când amestecul este omogen. Serviți imediat.

83. Suc de portocale de banane

RANDAMENTE 11/2 CANI

Ingrediente

- 1 cartof dulce mic, decojit
- 1 morcov mare, tăiat
- 2 pere coapte, fără miez
- 3 portocale medii, decojite

Direcții:

a) Procesați morcovul și cartofii dulci prin storcătorul dvs. conform instrucțiunilor producătorului.

b) Adăugați perele și segmentele de portocală și procesați.

c) Se amestecă bine sucul înainte de servire.

84. Castraveți picant

RANDAMENTE 1 CANA

Ingrediente

- 1 castravete
- 1 catel de usturoi, curatat de coaja
- 2 cepe verde, tăiate
- 1/2 ardei jalapeño
- 2 lime mici sau lime mexicane

Direcții:

a) Procesați ingredientele în orice ordine printr-un storcator electronic conform instrucțiunilor producătorului.

b) Se amestecă pentru a amesteca sucul și se servește peste gheață.

85.   Maşină de fasole

RANDAMENTE 1 CANA

Ingrediente

- 2 căni de fasole verde proaspătă
- 5 frunze mari salata romana
- 1 castravete
- 1 lamaie taiata in sferturi, curatata de coaja

Direcții:

a) Procesați boabele prin storcatorul electronic conform instrucțiunilor producătorului.

b) Se adauga salata verde, urmata de castravetele si lamaia.

c) Se amestecă bine sucul pentru a combina ingredientele și se servește singur sau peste gheață.

86.   Putere Putere

RENDAMENTE 1

Ingrediente

- 1 igname medie, decojită
- 4 portocale medii, decojite
- 2 morcovi medii, tăiați
- 1/2 cană pătrunjel proaspăt
- 1/2 ananas proaspăt, curățat și tăiat în bucăți

Direcții:

a) Tăiați ignama în bucăți după cum este necesar. Procesați prin storcatorul electronic conform instrucțiunilor producătorului.
b) Adauga segmentele de portocala, cate putin.
c) Adăugați morcovii și bucățile de ananas.
d) Amestecați bine sucul rezultat înainte de servire.

87.   Super suc de legume

Ingrediente

- 1 castravete întreg
- 6 frunze de salata romana
- 4 tulpini de țelină, inclusiv frunzele
- 2 căni de spanac proaspăt

Direcții:

a) Tăiați castravetele în bucăți și procesați prin storcătorul dvs. conform instrucțiunilor producătorului.

b) Înfășurați frunzele de salată în jurul tulpinilor de țelină și adăugați-le în tubul de hrănire.

c) Adăugați spanacul, varza și pătrunjelul în orice ordine doriți.

d) Se amestecă bine sucul înainte de servire.

89.   Măr de afine

RENDĂ 1 CĂȘĂ

Ingrediente

- 2 căni de afine proaspete sau congelate
- 1 măr, fără miez
- 1 felie de lamaie sau lime, curatata de coaja

Direcții:

a) Procesați fructele de pădure prin storcatorul electronic conform instrucțiunilor producătorului.
b) Adăugați mărul, urmat de lămâie sau lime.
c) Amestecați sau agitați bine sucul pentru a combina ingredientele și serviți.

90. Energizantul

RENDĂ 2 CANI

Ingrediente

- 2 mere, fără miez
- 1/2 castravete
- 1/4 bulb de fenicul
- 2 tulpini de telina, inclusiv frunzele
- 1/2 lămâie, decojită
- 1 bucată de ghimbir, aproximativ 1/4 inch
- 1/2 cană varză
- 1/2 cană spanac
- 6 frunze de salata romana

Direcţii:

a) Adăugaţi ţelina, urmată de lămâia şi ghimbirul.
b) Rupeţi uşor verdeaţa rămasă în bucăţi şi procesaţi.
c) Se amestecă bine sucul înainte de servire. Serviţi peste gheaţă, dacă doriţi.

91.   Salata verde Play

RANDAMENTE 11/2 CANI

Ingrediente

- 1/2 cap salata romana
- 1/2 cap salata verde cu frunza rosie
- 2 batoane de telina, cu frunze

Direcții:

a) Procesați salata verde și țelina printr-un storcator electronic conform instrucțiunilor producătorului.

b) Serviți sucul singur sau peste gheață.

92.　　　Cel mai bun din ambele lumi

RANDAMENTE 11/2 CANI

Ingrediente

- 4-6 morcovi medii, tăiați
- 1 cartof dulce mediu, decojit
- 1 ardei gras rosu, fara samburi
- 2 kiwi
- ghimbir de 1 inch
- 1/2 lămâie, decojită
- 2 tulpini de telina, cu frunze

Direcții:

a) Procesați morcovii printr-un storcator electronic conform instrucțiunilor producătorului.

b) Se adauga cartoful dulce, urmat de ardeiul.

c) Adăugați kiwi și ghimbirul.

d) Adăugați lămâia și țelina.

e) Bateți sau agitați bine sucul pentru a se combina și servi singur sau peste gheață.

## 93.	Plăcere simplă

RENDĂ 1 CĂȘĂ

Ingrediente

- 4 morcovi mari, tăiați
- 1 portocală, decojită

Direcții:

a) Procesați morcovii printr-un storcator electronic conform instrucțiunilor producătorului.
b) Adăugați segmentele portocalii.
c) Bateți sau agitați sucul pentru a se combina și serviți.

94. Roșu, alb și negru

Ingrediente

- 1 cană de struguri roșii
- 1 cană de struguri albi
- 1/2 cană coacăze negre

Direcții:

a) Procesați strugurii printr-un storcator electronic conform instrucțiunilor producătorului.
b) Adăugați coacăzele.
c) Serviți sucul singur sau peste gheață.

95.   Cocktail de ţelină cu ananas

RANDAMENTE 1 CANA

Ingrediente

- 3 (1 inch) felii de ananas proaspăt, decojit
- 3 tulpini de telina, cu frunze

Direcții:

a) Procesați bucățile de ananas și țelina prin storcatorul dvs.
b) Serviți sucul imediat.

96.   Punch cu miere de castraveți

RENDĂ 2 CANI

Ingrediente

- 1/2 castravete
- 1/4 pepene galben mic
- 1 cană de struguri verzi fără semințe
- 2 kiwi, decojite
- 3/4 cană spanac
- 1 crenguță de mentă
- 1 lămâie, decojită

Direcții:

a) Procesați castravetele și pepenele galben printr-un storcator electronic conform instrucțiunilor producătorului.

b) Adăugați strugurii și kiwi-urile.

c) Se adauga spanacul si menta, urmate de lamaie.

d) Se amestecă bine sucul pentru a combina ingredientele și se servește imediat.

97.   Medicină magică

RENDĂ 1 CĂȘĂ

Ingrediente

- 1 mango, curatat de coaja si miez
- 1/2 cană piersici
- 1/2 cană bucăți de ananas
- 2 linguri miere cruda
- 1 lingurita de ghimbir proaspat ras
- 1 cană afine

Direcții:

a) Procesați mango prin storcatorul electronic conform instrucțiunilor producătorului.

b) Adăugați bucățile de piersici și ananas, câte câteva.

c) Se amestecă mierea cu ghimbirul și afinele și se adaugă în storcator.

d) Se amestecă bine sucul înainte de servire.

98.   Noapte pe tonicul oraşului

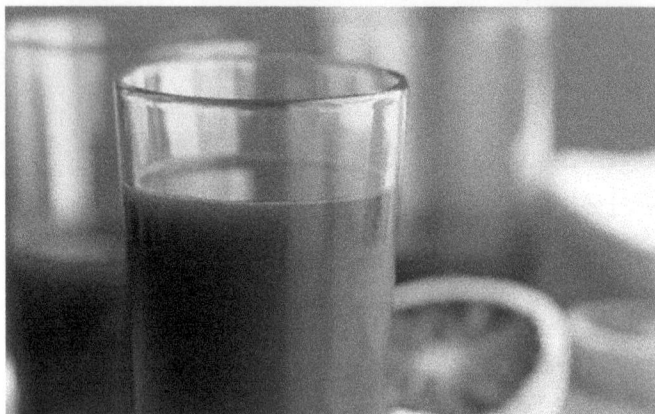

INGREDIENTE | RENDĂ 21/2 CANI (2 PORȚII)

Ingrediente

- 1 sfeclă mică
- 6 morcovi medii, tăiați
- 1 ardei verde, fără sămânță
- 1 ardei gras rosu, fara samburi
- 1/2 cană varză
- 2 căni frunze de spanac baby
- 2 roșii mari
- 1/4 cap de varză proaspătă
- 2 tulpini de telina
- 2 cepe verde, tăiate
- 1 catel mic de usturoi, curatat de coaja
- 1 lingurita sare
- Sos de ardei iute, dupa gust

Direcţii:

a) Procesaţi sfecla şi morcovii prin storcatorul electronic conform instrucţiunilor producătorului.

b) Adăugaţi ardeii, urmaţi de kale şi spanacul.

c) Adăugaţi roşiile, varza şi ţelina

d) La sfârşit, adăugaţi ceapa şi usturoiul şi sarea.

e) Bateţi bine sucul pentru a se combina, asezonaţi după gust cu sos iute şi serviţi peste gheaţă pentru a creşte hidratarea.

99. Suc de afine

Ingrediente
- 2 litri de apă
- 8 cesti de merisoare proaspete sau congelate
- 1-1/2 cani de zahar
- 1/2 cană suc de lămâie
- 1/2 cană suc de portocale

Direcții
a) Într-un cuptor olandez sau o cratiță mare, aduceți apa și merisoarele la fiert. Reduceți căldura; acoperiți și fierbeți până când fructele de pădure încep să pătrundă, 20 de minute.
b) Se strecoară printr-o strecurătoare fină, apăsând amestecul cu o lingură; aruncați fructele de pădure. Întoarceți sucul de afine în tigaie. Se amestecă zahărul, sucul de lămâie și sucul de portocale. Se aduce la fierbere; gatiti si amestecati pana se dizolva zaharul.
c) Se ia de pe foc. Rece. Transfer într-un ulcior; se acopera si se da la frigider pana se raceste.

100. Suc de rodie

Ingrediente
- 5 până la 6 rodii mari

Direcții:

a) Cu ajutorul unui cuțit de toaletă, îndepărtați partea de rodie care arată ca o coroană. Îmi place să-mi înclin cuțitul de toaletă în jos și să fac un cerc în jurul coroanei.

b) Se taie rodia în bucăți. Găsesc că a marcat fructele de 4 ori este suficient pentru mine, dar nu ezitați să-l înscrieți de câteva ori.

c) Deschideți rodia în bucăți.

d) Umpleți un castron mare cu apă rece. Rupeți rodia sub apă. Ajută la prevenirea stropirii sucului de rodie peste tot.

e) Scurgeți apa din rodie când ați terminat să le separați de coajă.

f) Se toarnă într-un blender. Se amestecă până când toate arilele au fost zdrobite, dar majoritatea semințelor sunt încă intacte. Acest lucru durează de obicei nu mai mult de 15 până la 20 de secunde.

g) Se toarnă sucul printr-o strecurătoare. Veți observa că sucul trece prin strecurătoare destul de încet, deoarece pulpa este destul de groasă. Pentru a accelera procesul, utilizați o spatulă de cauciuc pentru a apăsa pulpa de sită. Sucul ar trebui să picure mai repede.

h) Se toarnă sucul într-un pahar pentru a servi. 5 până la 6 rodii mari ar trebui să producă aproximativ 4 căni de suc. Sucul rămas poate fi păstrat la frigider într-un borcan timp de 5 până la 6 zile.

CONCLUZIE

Iată-l!

Tot ce trebuie să știi despre sucuri. Până
acum, sunteți deja înarmat cu informațiile de
care aveți nevoie pentru a vă începe propria
călătorie de sucuri în siguranță și corect.
Așa cum am promis la începutul cărții, v-am
împărtășit tot ce am învățat și am
descoperit de-a lungul călătoriei mele
juicing. Am început această carte electronică
definind ce este storarea, am răspuns la cea
mai importantă întrebare legată de storcare,
am discutat despre beneficiile storcerii și
chiar ai învățat cele mai importante lucruri
de care trebuie să ții cont atunci când începi
să faci sucuri. Următorul capitol a fost totul
despre găsirea storcătorului perfect. Aici,
ați învățat totul despre diferitele tipuri de
storcatoare, împreună cu întregul proces de
a găsi cele mai bune

9 781836 870739